explica! binnendifferenzierte Lektüre zum Falten

Beate Bossmanns

Ovid, ars amatoria

V&R

Vorwort

Liebe Schülerinnen, liebe Schüler!

Ars amatoria – also ein Buch über die Liebeskunst – und das im antiken Rom?! Darf so etwas damals überhaupt in der Öffentlichkeit angeboten werden oder wird es nur heimlich herumgereicht? Und – was steht drin in einem solchen Buch? Kann man daraus vielleicht auch heute noch etwas mitnehmen, oder sind die Inhalte so alt wie Ovid jetzt selber wäre? Was für ein Männer- und Frauenbild hatten eigentlich die alten Römer, sprich: Ist Ovid aus heutiger Sicht eher ein Macho oder ein einfühlsamer Ratgeber für beide Seiten? All diese Fragen wirst du hoffentlich im Laufe der Lektüre mit dem vorliegenden Heft für dich beantworten können und am Ende zu einem persönlichen Fazit kommen.

Die Textauswahl soll dir einen Einblick in die Inhalte des dreibändigen Werkes von Ovid geben und dir einen Eindruck von ihm als Autor, als Person und seiner Sicht auf Liebe, Eroberung und das Verhältnis zwischen Männern und Frauen in der Antike vermitteln.

Das Heft ist wie folgt aufgebaut:
- Vorerschließende Aufgaben bereiten dich auf den Kontext, den Inhalt und die sprachlich-grammatikalischen Besonderheiten der jeweiligen Textpassagen vor, sodass du die Ergebnisse gut als Unterstützung für die Übersetzung nutzen kannst.
- Interpretationsaufgaben runden die Texte ab; hier bist du nach eigener Meinung gefragt, setzt dich mit den Inhalten sprachlich auseinander, kannst Aspekte aus der Übersetzung auf die heutige Zeit beziehen und kreativ umsetzen.
- Die Übersetzungstexte sind binnendifferenziert, so dass du aus verschiedenen Schwierigkeitsstufen wählen kannst.

Inhalt

Übersetzungstexte mit Binnendifferenzierung

Ein weiter Zeilenabstand gibt Raum für eigene Anmerkungen.

Zur Binnendifferenzierung stehen die Übersetzungstexte in drei Varianten mit unterschiedlichem Schwierigkeitsgrad zur Verfügung:

1. Der Basistext ist mit nur wenigen Hilfen, meist zum Wortschatz, ausgestattet.
2. Bei Bedarf kann man erweiterte Wortschatz- und Grammatikhilfen hinzufalten. Und so geht's:

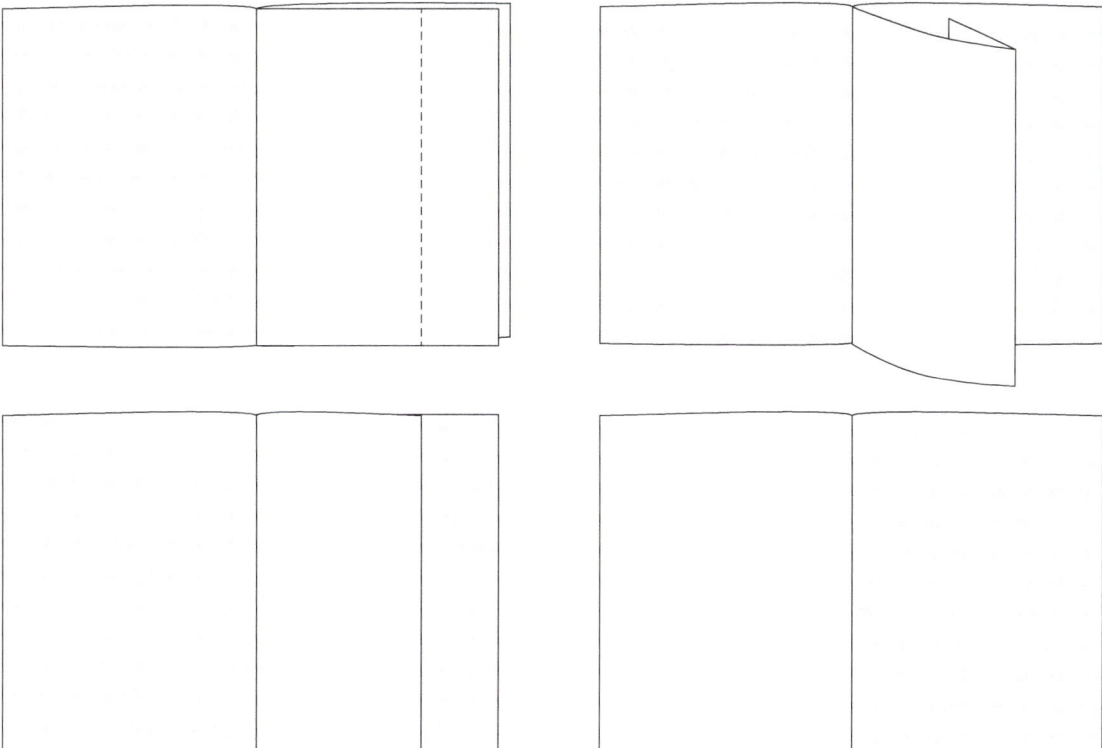

3. Wer noch mehr Unterstützung benötigt, darf einmal umblättern und auf die dritte Variante zurückgreifen:
   - Hier ist der lateinische Text teilweise kolometrisch angeordnet und stellenweise die Satzstellung vereinfacht.
   - Die wichtigsten Satzglieder sind farbig hervorgehoben: Subjekte (blau), Prädikate (rot).
   - Zwischen den Zeilen stehen weitere Hilfen und Teilübersetzungen bei schwierigen Stellen (interlineare Hilfen).

1. Die Visitenkarte des Autors: Vorstellung von Dichter und Werk

Aufgaben zur Texterschließung

1. Verfasse mithilfe der vorliegenden Schlagworte eine kurze sachlogische biographische Notiz über Ovid, die einen ersten Eindruck von ihm vermittelt.

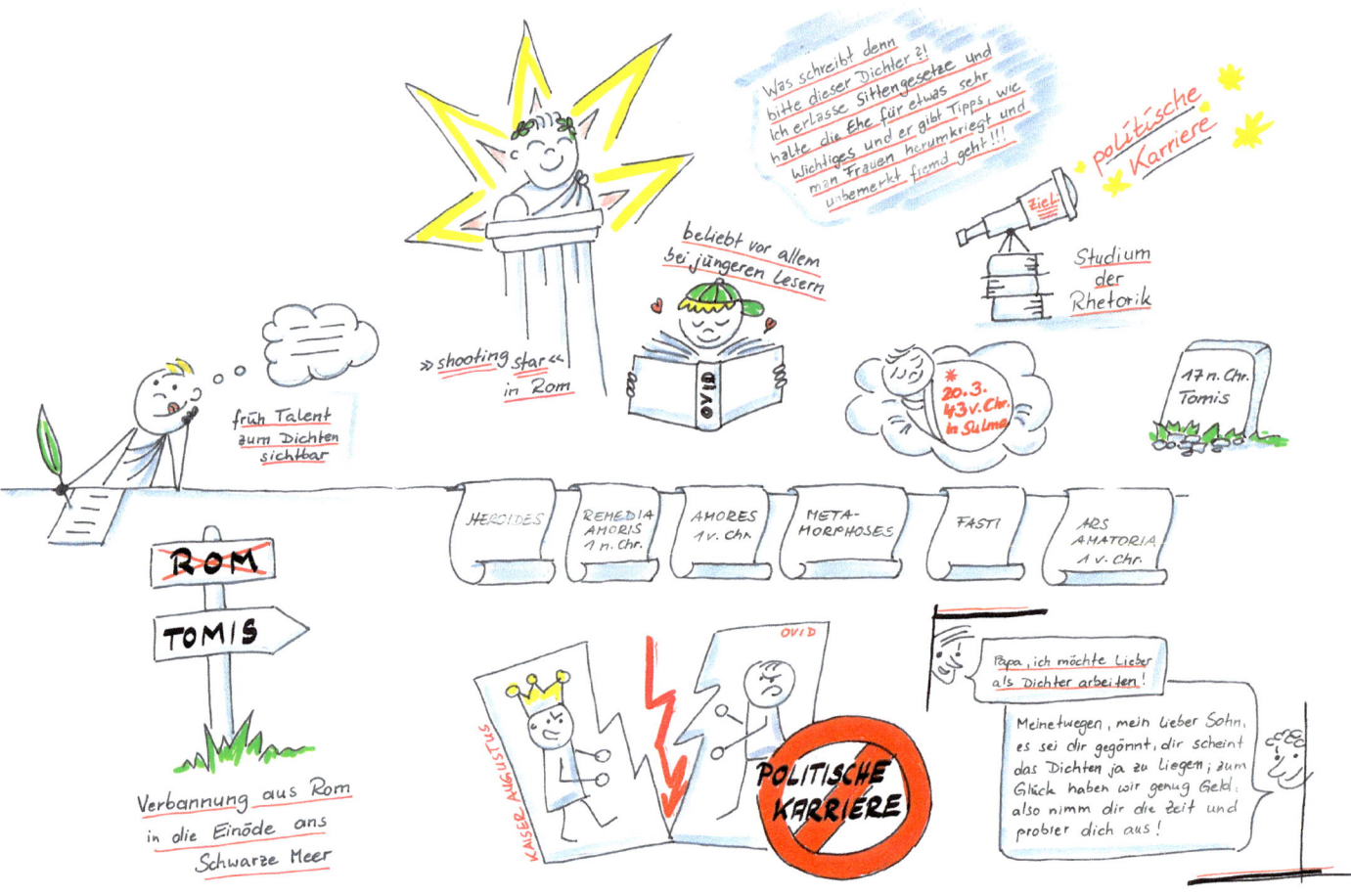

2. Welcher Gesamteindruck von Ovid und seinen Werken ist für dich entstanden? Was findest du spannend/weniger spannend an ihm? Halte deine Eindrücke in Stichpunkten fest:

Eindruck von Ovid als Person	Eindruck von seinen Werken	spannend/weniger spannend/ weitere Fragen?

3. Im Mittelpunkt wird in den nächsten Wochen die Auseinandersetzung mit Ovids *ars amatoria* stehen. Welche Erwartungen hast du an die Inhalte dieses Buches? Worum wird es gehen? Notiere deine Ideen.

1. Die Visitenkarte des Autors: Vorstellung von Dichter und Werk

1 Si quis in hoc artem populo non novit amandi

    hoc legat et lecto carmine doctus amet.

quis = aliquis; **nōvit** = cognōvit
hoc: *ergänze* librum; **carmen,** carminis *n.:* Gedicht

3 Arte citae veloque rates remoque reguntur,

    arte leves currus: arte regendus amor.

citus, a, um: schnell; **vēlum,** ī *n.:* Segel; **ratis,** is *f.:* Schiff; **rēmus,** ī *m.:* Ruder;
levis, e: *hier:* wendig, schnell

5 Curribus Automedon lentisque erat aptus habenis,

    Tiphys in Haemonia puppe magister erat:

7 Me Venus artificem tenero praeficit Amori.

    Tiphys et Automedon dicar Amoris ego.

9 Ille quidem ferus est et qui mihi saepe repugnet:

    Sed puer est, aetas mollis et apta regi. […]

Automedōn, ontis *m.:* Automedon *(Eigenname; aus Homers Ilias bekannter tapferer Wagenlenker des größten Kriegshelden auf griechischer Seite, Achill);* **habēna,** ae *f.:* Zügel; **Tīphys:** Tiphys *(Eigenname, Steuermann des ersten Schiffes, der Argo; gilt als besonders umsichtiger und herausragender Steuermann);* **Haemonia puppis:** *poetische Umschreibung für die Argo (»haemonisches Schiffsdeck«, da sie in Haemonien startete);* **Venus,** Veneris *f.:* Venus, *Göttin der Liebe und Mutter von Amor;* **praeficere,** ficiō, fēcī, fectum + *Akk.:* jmd. als etwas bestellen, jmd. als etwas beauftragen; **dīcere:** *hier:* nennen; **ille:** *bezieht sich auf den Gott Amor;* **ferus,** a, um: wild, ungebändigt; **mollis,** e: beeinflussbar, formbar

23 Quo me fixit Amor, quo violentius ussit,

    hoc melior facti vulneris ultor ero. […]

quō … quō … hōc: je mehr … je mehr … desto …; **fīgere,** fīgō, fīxī: *hier:* treffen, verwunden; **ūrere,** ūrō, ussī: brennen, verbrennen; **ultor,** ultōris *m.:* Rächer

29 Usus opus movet hoc. Vati parete perito.

    Vera canam. Coeptis, mater Amoris, ades! […]

ūsus, ūs *m.:* *hier:* Praxis, Erfahrung;
movēre: *hier:* inspirieren
vātis, is *m/f.:* Dichter; **vēra:** wahre Worte;
coeptum, ī *n.:* Vorhaben, Projekt, Werk

35 Principio, quod amare velis, reperire labora,

    qui nova nunc primum miles in arma venis.

prīncipiō: zunächst, als erstes; *Stelle um:* Prīncipiō reperīre labōra <id>, quod amāre velis; **mīles:** als Soldat

37 Proximus huic labor est placitam exorare puellam:

    Tertius, ut longo tempore duret amor.

proximus huic labor est: die nächste Aufgabe nach dieser ist es, …;
puella placita: Herzensdame
tertius: *ergänze* <labor>

1. Die Visitenkarte des Autors: Vorstellung von Dichter und Werk

Aufgaben zum Textverständnis und zur Interpretation

1. Formuliere nach der Übersetzung der Verse 1 und 2 eine kurze Zusammenfassung zu Adressat, Inhalt und Ziel des Buches:

   _____

   _____

   _____

   _____

2. Welche Aussagen macht Ovid über sich selbst (direkt und indirekt) und welche über den Gott Amor? Stelle die Aussagen aus den Versen 1–30 tabellarisch zusammen; berücksichtige dabei auch die bildliche Darstellung der beiden.

Ovid sagt über sich ...	Ovid sagt über Amor ...

3. Bilde das Verhältnis zwischen Ovid, Amor und Venus in einem Schaubild ab. Diskutiere anschließend, ob und wie sich dein erster Eindruck von Ovid und seinem Buch bestätigt hat oder nicht.

4. Ovid gibt in den Versen 35–38 eine grobe Inhaltsübersicht über die drei Bücher, aus denen der Gesamtband *ars amatoria* besteht. Erstelle ein genaueres Inhaltsverzeichnis für die Bücher 1–3: Formuliere eine große Überschrift und kleinere Unterüberschriften.

   _____

   _____

   _____

   _____

1. Die Visitenkarte des Autors: Vorstellung von Dichter und Werk

1 <u>Si</u> quis in hoc populo   non novit   artem amandi,

  hoc legat   et   <u>lecto carmine</u>   doctus   amet.
        Abl. abs.

3 Arte   citae rates   veloque remoque   reguntur,
       werden …   *gelenkt*

  arte leves currus <reguntur>: arte regendus <est> amor.

5 Curribus Automedon lentisque erat aptus habenis,

  Tiphys in Haemonia puppe magister erat:

7 Venus me artificem   praeficit   Amori tenero.
           als Lehrmeister   *für den zarten Amor*

  Tiphys et Automedon Amoris   dicar ego.
                von Amor   *werde ich …*

9 Ille quidem ferus est   et   qui mihi saepe repugnet:

  Sed puer est, aetas mollis <est> et apta regi. […]

23 <u>Quo</u> me fixit Amor, <u>quo</u> violentius ussit,

  <u>hoc</u>   melior ultor   facti vulneris   ero. […]
                für die erlittene Verletzung

29 Usus movet hoc opus.   Vati perito   parete.
                dem erfahrenen Dichter

  Vera canam. Coeptis, mater Amoris, ades! […]

35 Principio reperire labora <id>, <u>quod</u> amare velis,

  qui nunc primum miles   nova in arma   venis.
  der du nun das erste Mal als Soldat   mit neuen Waffen   kommst

37 Proximus huic labor est exorare placitam puellam:

  Tertius <labor est>, <u>ut</u>   longo tempore   duret amor.

---

quis = aliquis; **hōc:** *gehört zu* populō; **nōn nōvit:** nicht kennt, nicht erfahren ist in; **hoc:** *ergänze* librum; **legere,** legō, lēgī, lēctum: lesen; **carmen, carminis** *n.:* Gedicht; **doctus,** a, um: gelehrt, erfahren
ars, artis *f.:* Geschick, Kunst; **citus,** a, um: schnell; **vēlum,** ī *n.:* Segel; **ratis,** is *f.:* Schiff; **rēmus,** ī *m.:* Ruder; **regere:** lenken; *hier: Passiv;* **levis,** e: *hier:* wendig, schnell

Automedōn, ontis *m.:* Automedon *(Eigenname; aus Homers Ilias bekannter tapferer Wagenlenker des größten Kriegshelden auf griechischer Seite, Achill);* **aptus esse** + *Abl.:* geschickt sein mit etwas; **habēna,** ae *f.:* Zügel; **Tīphys:** Tiphys *(Eigenname, Steuermann des ersten Schiffes, der Argo; gilt als besonders umsichtiger und herausragender Steuermann);* **Haemonia puppis:** *poetische Umschreibung für die Argo* (»haemonisches Schiffsdeck«, *da sie in Haemonien startete);* **Venus,** Veneris *f.:* Venus, *Göttin der Liebe und Mutter von Amor;* **praeficere,** ficiō, fēcī, fectum + *Akk.:* jmd. als *etwas* bestellen, *jmd.* als *etwas* beauftragen; **dīcere:** *hier im Passiv:* genannt werden; **ille:** *bezieht sich auf den Gott Amor;* **ferus,** a, um: wild, ungebändigt; **quī:** *ergänze:* <einer>, der; **mollis,** e: beeinflussbar, formbar
quō … quō … hōc: je mehr … je mehr … desto …; **fīgere,** fīgō, fīxī: *hier:* treffen, verwunden; **violentius:** *Komparativ;* **ūrere,** ūrō, ussī: brennen, verbrennen; **factī:** *hier:* erlitten; geschehen; **ultor,** ultōris *m.:* Rächer *(dazu gehört* melior*)*
ūsus, ūs *m.: hier:* Praxis, Erfahrung; **movēre:** *hier:* inspirieren; **vātis,** is *m./f.:* Dichter; **perītus,** a, um: erfahren; **pārēte:** *Imperativ (Befehlsform) von* pārēre: gehorchen; **vēra:** wahre Worte; **canere:** singen; **coeptum,** ī *n.:* Vorhaben, Projekt, Werk; **adesse:** *hier:* helfen, unterstützen
prīncipiō: zunächst, als erstes; *Ordne:* Prīncipiō reperīre labōra <id>, quod amāre velis; **labōrā:** *Imperativ zu* labōrāre: *hier:* sich bemühen; **reperīre:** finden; **nova:** *gehört zu* arma; **quī:** der du; **mīles:** als Soldat; **proximus huic labor est:** die nächste Aufgabe nach dieser ist es, …; **puella placita:** Herzensdame

2. Rollenklärung: Jäger und Beute?

Aufgaben zur Vorerschließung:

1. a) Betrachte das Bild und überlege dir, was die beiden Männer und die Frau in dem Bild gerade denken. Schreibe dies in die Gedankenblasen.

1. b) Stellt in kleinen Gruppen eure Ideen vor. Sammelt anschließend Eroberungsstrategien, die ihr kennt (z. B. Blumen schenken, ins Kino einladen …) und diskutiert, welche Rollenverteilung und welche Rollenbilder sichtbar werden.

1. c) Erstellt anschließend ein Ranking hinsichtlich der Erfolgsquote der einzelnen Strategien – welche davon sind eurer Meinung nach erfolgversprechend, welche sind eher weniger geeignet? Warum?

2. Ovid arbeitet in seinen Texten gerne mit bildlichen Vergleichen oder bildlichen Umschreibungen; diese muss man sozusagen »entschlüsseln«. Lies dir die folgenden Beispiele durch und überlege mit deinem Nachbarn, was sie in etwa bedeuten:
   1. auf Wolke sieben schweben
   2. etwas durch die rosarote Brille sehen/blind vor Liebe sein
   3. etwas passiert aus heiterem Himmel
   4. sich Hals über Kopf verlieben
   5. sie wickelt alle Jungs um den Finger
   6. er trägt sie auf Händen

2. Rollenklärung: Jäger und Beute?

Text A: Männer (I, 41–50)

41	Dum licet, et loris passim potes ire solutis
	elige cui dicas »tu mihi sola places.«

dum licet: solange es dir freisteht; **passim:** jederzeit; **lōra solūta:** lange Zügel; **ēlige:** *Stelle um und ergänze:* ēlige <ūnam>, cui dīcās…; **sōla:** als einzige

43	Haec tibi non tenues veniet delapsa per auras.
	Quaerenda est oculis apta puella tuis.

haec: *damit ist das ausgewählte Mädchen gemeint;* **aura,** ae *f.:* Luft; **dēlābī,** or, lāpsus sum: herabfallen

45	Scit bene venator, cervis ubi retia tendat,
	scit bene, qua frendens valle moretur aper:

cerva, ae *m.:* Hirsch; **rēte,** is *n.:* Netz

frendēre: wild mit den Zähnen knirschen; **vallis,** is *f.:* Tal; **aper,** aprī *m.:* Eber; **morārī:** sich aufhalten

47	tu quoque, materiam longo qui quaeris amori,
	ante frequens quo sit disce puella loco.

tū … locō: *Stelle um:* Tū quoque, quī quaeris māteriam longō amōrī, ante disce, quō locō puella sit frequēns; **frequēns:** oft, häufig

Text B: Frauen (III, 417–426)

417	Utilis est vobis, formosae, turba, puellae.
	Saepe vagos ultra limina ferte pedes.

ūtilis, e: nützlich, von Nutzen; **fōrmōsus,** a, um: schön; **vagus,** a, um: umherstreifend, ziellos; **līmen,** inis *n.:* Türschwelle

419	Ad multas lupa tendit oves, praedetur ut unam,
	et Iovis in multas devolat ales aves.

ovis, is *f.:* Schaf; **praedārī:** erbeuten; **āles Iovis:** der Adler des Jupiter *(der majestätische Adler galt in der Antike als ein Vogel, der dem Jupiter heilig war)*

421	Se quoque det populo mulier speciosa videndam:
	Quem trahat, e multis forsitan unus erit.

sē populō videndam dare: sich dem Volk zeigen, zur Schau stellen; **forsitan:** vielleicht

423	Omnibus illa locis maneat, studiosa placendi,
	Et curam tota mente decoris agat.

studiōsus + *nd*-Form: bedacht darauf sein, etwas zu tun; **cūram decōris agere:** Wert auf ihr Äußeres legen

425	Casus ubique valet; semper tibi pendeat hamus:
	Quo minime credas gurgite, piscis erit.

cāsus, ūs *m.:* Zufall; **hāmus,** ī *m.:* Angel(haken); **quō … erit:** *Stelle um:* gurgite, quō minimē crēdās, piscis erit; **gurges,** itis *m.:* Gewässer; **minimē:** am wenigsten; **piscis,** is *m.:* Fisch

2. Rollenklärung: Jäger und Beute?

Aufgaben zum Textverständnis und zur Interpretation

3. Formuliere die Tipps, die Ovid direkt und indirekt an die Männer und an die Frauen gibt, mit eigenen Worten:

Männer	Frauen
1.	1.
2.	2.
3.	3.
4.	4.

4. a) Schreibe die bildlichen Vergleiche heraus, die Ovid in seinen Texten verwendet. Womit werden die Männer und Frauen genau verglichen? Was will er damit deutlich machen?

Männer (V. 45/46)	Frauen (V. 419 f./425 f.)
Bedeutung/So sieht Ovid die Rolle der Männer:	Bedeutung/So sieht Ovid die Rolle der Frauen:

b) Vergleiche das Rollenbild und die Rollenverteilung von Mann und Frau aus der *ars amatoria* mit dem aus unserer Gesellschaft heute (vgl. Aufgabe 1) – hat sich etwas verändert? Diskutiert im Kurs.

2. Rollenklärung: Jäger und Beute?

Text A: Männer (I, 41–50)

41   Dum licet, et passim   potes ire   loris solutis

      elige, cui dicas »tu   mihi   sola   places.«
      <small>wähle die aus, der du sagen wirst:</small>

43   Haec tibi   non delapsa <u>per auras tenues</u>   veniet.
      <small>zu dir</small>

      Quaerenda est oculis   apta puella   tuis.

45   Scit bene venator, <u>ubi</u>   cervis   retia   tendat,
             <small>für die Hirsche</small>

      scit bene, <u>qua</u> valle   frendens aper moretur:
          <small>in welchem Tal</small>

47   tu quoque, qui   quaeris   materiam amori longo,
          <small>der du</small>

      ante disce,   <u>quo</u> loco   puella sit   frequens.

dum licet: solange es dir freisteht; **passim:** jederzeit; **potes:** → *Form von* posse; **lōra solūta:** lange Zügel; **ēlige:** *Stelle um und ergänze:* ēlige ‹ūnam›, cui dīcās …; **sōla:** als einzige

haec: *damit ist das ausgewählte Mädchen gemeint;* **dēlābī,** or, lāpsus sum: herabfallen *(Deponens → aktive Übersetzung);* **per aurās tenuēs:** aus heiterem Himmel; **quaerere:** suchen *(nd-Form mit esse = müssen:* (sie) muss gesucht werden); **aptus,** a, um: angenehm

vēnātor: Jäger; **rēte,** is *n.:* Netz; **cerva,** ae *m.:* Hirsch; **tendere:** spannen; **frendēre:** wild mit den Zähnen knirschen; **aper,** aprī *m.:* Eber; **morārī:** sich aufhalten *(Deponens → aktive Übersetzung);* **quā valle:** in welchem Tal

tū … locō: *Stelle um:* Tū quoque, quī quaeris māteriam longō amōrī, ante disce, quō locō puella sit frequēns; **longō amōrī:** für lange Liebe; **quō locō:** an welchem Ort/wo; **sit:** *Konj. von* esse *(hier indirekte Frage → wird als Indikativ übersetzt);* **frequēns:** oft, häufig

Text B: Frauen (III, 417–426)

417   Utilis est vobis, formosae puellae, turba.
        <small>für euch</small>

      Saepe vagos pedes   ultra limina   ferte.

419   Ad multas oves   lupa tendit,   ut praedetur unam,

      et   ales Iovis   in multas aves   devolat.

421   Se quoque det   populo   mulier speciosa   videndam:
          <small>Dativ → wem?</small>

      e multis   forsitan   unus erit, <u>quem</u> trahat.

423   Omnibus locis   illa maneat, studiosa placendi,
                  <small>bedacht darauf sein zu gefallen</small>

      Et curam   tota mente   decoris agat.

425   Casus ubique valet; semper tibi pendeat hamus:
          <small>für dich</small>

      Gurgite, <u>quo</u> minime credas, piscis erit.
      <small>In dem Wasser, in dem du es am wenigsten glaubst, …</small>

ūtilis, e: nützlich, von Nutzen *(Subjekt ist turba);* **fōrmōsus,** a, um: schön; **vagus,** a, um: umherstreifend, ziellos; **līmen,** inis *n.:* Türschwelle; **ferte:** *Imperativ Plural von* ferre

ovis, is *f.:* Schaf; **tendere:** *hier:* sich nähern, umkreisen; **praedārī:** erbeuten *(Deponens → aktive Übersetzung);* **āles Iovis:** der Adler des Jupiter *(der majestätische Adler galt in der Antike als ein Vogel, der dem Jupiter heilig war);* **in multās avēs:** *gehört zusammen;* **det:** *Konj. Präsens von* dare *(Im Hauptsatz kann der Konjunktiv eine Aufforderung ausdrücken: sie soll …);* **speciōsus,** a, um: aufgestylt, herausgeputzt; **sē videndam dare:** sich zeigen, sich zur Schau stellen; **quem … erit:** *Stelle um:* Ūnus ē multīs forsitan erit, quem trahat; **forsitan:** vielleicht; **quem:** *Akk.:* den; **trahere:** *hier:* auswählen, herausziehen; **cūram decōris agere:** Wert auf ihr Äußeres legen; **cāsus,** ūs *m.:* Zufall; **valēre:** gelten, regieren; **hāmus,** ī *m.:* Angel(haken); **quō … erit:** *stelle um:* gurgite, quō minimē crēdās, piscis erit; **gurges,** itis *m.:* Gewässer; **minimē:** am wenigsten; **crēdere:** glauben, für möglich halten; **piscis,** is *m.:* Fisch; **erit:** *Form von* esse

3. Flirten leicht gemacht: Kontakte knüpfen

Aufgaben zur Texterschließung

1. Ovid stellt dem Leser Orte vor, an denen »Mann« gute Chancen hat, mit dem weiblichen Geschlecht in Kontakt zu kommen. Er beginnt mit dem Theater als »Flirt-Hotspot«. Lies dazu den folgenden zweisprachigen Textabschnitt (I, 89–99).

   a) Liste die Vorteile auf, die das Theater zu einer besonders guten Kontaktbörse machen.

   b) Erläutere die Bedeutung der Vergleiche mit den Ameisen und den Bienen (V. 93–97) und die Wirkung, die mit diesem Vergleich erzielt wird.

   c) »Sie kommen, um Ausschau zu halten, sie kommen, um selbst angeschaut zu werden«: Erkläre, was durch diesen Vers über das Flirtverhalten von Männern und Frauen deutlich gemacht wird.

> Aber du jage besonders in den runden Theatern:
> dieses Gebiet ist sehr ergiebig für dein Anliegen.
> Dort findest du etwas zum Lieben, etwas zum reinen Vergnügen,
> etwas, was du nur einmal berühren und etwas, das du festhalten willst.
> Wie Ameisen in einer Ameisenstraße dicht gedrängt hin- und herlaufen,
> wenn sie ihre gewohnte Speise im körnertragenden Mund transportieren,
> oder wie die Bienen, die ihre Waldtäler und duftenden Wiesenfelder erreicht haben, um die Blumen
> und den hohen Thymian herumschwirren, so eilen die aufs Schickste zurechtgemachten Frauen zu den
> bekannten Theaterspielen. Oft erschwert mir die Menge meine Auswahl.
> Sie kommen, um Ausschau zu halten, sie kommen, um selbst angeschaut zu werden.

2. Als nächsten Ort, der sich besonders gut für die Kontaktaufnahme eignet, beschreibt Ovid den Circus Maximus, in dem regelmäßig Pferderennen stattfinden. Überlegt euch zu zweit, welche Vorteile der Ort selbst und die Veranstaltung eines Pferderennens bieten, um unauffällig in Kontakt zu kommen.

3. Flirten leicht gemacht: Kontakte knüpfen

135 Nec te nobilium fugiat certamen equorum.

Multa capax populi commoda Circus habet. […]

139 Proximus a domina, nullo prohibente, sedeto,

iunge tuum lateri qua potes usque latus.

141 Et bene, quod cogit, si nolis, linea iungi,

quod tibi tangenda est lege puella loci.

143 Hic tibi quaeratur socii sermonis origo,

et moveant primos publica verba sonos:

145 cuius equi veniant facito, studiose, requiras

nec mora, quisquis erit cui favet illa, fave. […]

149 utque fit, in gremium pulvis si forte puellae

deciderit, digitis excutiendus erit;

151 etsi nullus erit pulvis, tamen excute nullum;

qualibet officio causa apta sit tuo.

153 Pallia si terra nimium demissa iacebunt,

collige et inmunda sedulus effer humo;

155 protinus, officii pretium, patiente puella

contingent oculis crura videnda tuis.

---

certāmen equōrum: Pferderennen; **fugere:** *hier:* entgehen lassen
capāx: groß, geräumig

sedētō: sitze … *(altlat. Imperativ)*; **proximus ā:** ganz nahe bei; **prohibēre:** abhalten, stören; **latus, lateris** *n.:* Oberschenkel; **quā:** soweit; **ūsque:** ununterbrochen; **et bene:** *ergänze* bene <est> und *stelle um:* quod līnea cōgit iungī; **līnea, ae** *f.:* Schranke, Abtrennung *(zwischen den Sitzreihen);* **sī nōlis:** selbst wenn du nicht willst; **lēge locī:** durch die Bedingung vor Ort

sermō socius: gemeinsames Gespräch, gemeinsame Unterhaltung; **sonus prīmus:** Gesprächsanfang; **pūblicus, a, um:** allgemein

cuius … favē: *Stelle um:* Facitō requīrās, studiōse, cuius equī veniant; **facitō requīrās:** Sieh zu, dass du fragst …; **nec mora:** *Stelle um:* Favē, quisquit erit, cui favet illa; **favēre:** Beifall klatschen; **utque fit, sī:** Und wie es manchmal geschieht, wenn …; **forte:** zufällig; **excutere:** abschütteln; **etsī:** und selbst wenn, und wenn auch

quaelibet causa: welcher Anlass auch immer; **aptus, a, um** + *Dat.: hier:* zielführend für; **nimium:** allzu sehr; **dēmissus:** herabhängend;

colligere: zusammensammeln, hochraffen; *ergänze:* collige <pallam>; **humus, ī** *f.:* Boden; **prōtinus … tuīs:** *Forme hier von der poetischen Formulierung in einen Prosatext um:* Prōtinus continget oculīs tuīs, ut crūra puellae patientis videās – pretium officiī!; **continget:** es wird gelingen

3. Flirten leicht gemacht: Kontakte knüpfen

Aufgaben zum Textverständnis und zur Interpretation

3. Vergleiche die Ideen aus Aufgabe 2 mit den Punkten, die Ovid in seinem Text erwähnt – wo stimmt ihr überein, welche Punkte kommen neu hinzu? Ergänze diese zu deiner Sammlung:

_____

_____

_____

_____

4. Wählt in Kleingruppen eine der folgenden Aufgaben aus, bereitet sie vor und präsentiert sie in der Klasse:

a) Stellt die im Text beschriebenen Situationen in einem szenischen Spiel nach; bringt dazu auch mögliche Reaktionen der beiden Parteien ein: Funktionieren die »Tricks« von Ovid immer?

b) Männerrunde: Zwei von euch waren gestern beim Pferderennen und haben den ein oder anderen Tipp von Ovid versucht in die Tat umzusetzen. Berichtet euren Freunden von euren Erfahrungen.

c) Frauenrunde: Zwei von euch waren gestern beim Pferderennen und haben die ein oder andere Szene so erlebt, wie sie von Ovid geschildert wird. Ihr berichtet euren Freundinnen von euren Erfahrungen.

5. Harmloser Flirtversuch oder sexuelle Belästigung? Diskutiert in der Klasse auf der Grundlage der beiden Definitionen den Inhalt der Textstelle. Wo seht ihr die Grenzen zwischen dem einen und dem anderen?

Sexuelle Belästigung

Inhaltlich handelt es sich bei sexueller Belästigung um konkretes, sexuell bestimmtes Verhalten, das unerwünscht ist und durch das sich eine Person unwohl und in ihrer Würde verletzt fühlt. Als sexuelle Belästigung gelten unter anderem sexualisierende Bemerkungen und Handlungen, die entwürdigend bzw. beschämend wirken, unerwünschte körperliche Annäherung, Annäherungen in Verbindung mit Versprechen von Belohnungen und/oder Androhung von Repressalien. In der Abgrenzung von angemessener erotischer Annäherung (Flirten) und sexueller Belästigung sind sich Männer und Frauen weitgehend einig.
(https://de.wikipedia.org/wiki/Sexuelle_Bel%C3%A4stigung)

Flirt

Ein **Flirt** ist eine erotisch konnotierte Annäherung zwischen Personen. Dabei wird vorgeblich ein unverbindlicher Kontakt hergestellt. [...]
Der Flirt kann mit einem Blickkontakt, sprachlich (Smalltalk) oder durch eine Handlung (z. B. eine Tür öffnen, etwas tragen helfen) begonnen werden. Der Flirt lebt vom Aufbau und dem Spiel mit erotischer bzw. sexueller Spannung.
(https://de.wikipedia.org/wiki/Flirt)

---

3. Flirten leicht gemacht: Kontakte knüpfen

135 Nec te   nobilium fugiat certamen equorum.

   Multa   capax populi   commoda Circus habet. […]

139 Proximus a domina,   nullo prohibente,   sedeto,

ohne störendes Hindernis

   iunge tuum lateri, qua potes, usque latus.

141 Et bene, quod cogit, si nolis, linea iungi,

Und es ist gut, dass …

   quod tibi tangenda est   lege   puella   loci.

dass …   berührt werden muss

143 Hic tibi quaeratur socii sermonis origo,

von dir

   et moveant primos publica verba sonos:

145 cuius equi veniant facito, studiose, requiras

Sieh zu, dass du eifrig fragst, wessen Pferde kommen

   nec mora, quisquis erit cui favet illa, fave. […]

149 utque fit, si   forte   in gremium puellae   pulvis

Und wie es manchmal geschieht, wenn

   deciderit, digitis excutiendus erit;

151 etsi nullus erit pulvis, tamen excute nullum;

   qualibet officio causa apta sit tuo.

welcher Anlass auch immer zielführend für dein Anliegen ist.

153 Pallia si   terrā   nimium demissa   iacebunt,

   collige et inmundā sedulus effer humo;

155 protinus, officii pretium, patiente puella

   contingent oculis crura videnda tuis.

---

certāmen equōrum: Pferderennen; **fugere:** *hier:* entgehen *(Konj. Präsens als Aufforderung!)*
capāx: groß, geräumig; **sedētō:** *altlat. Imperativ:* sitze; **proximus ā:** ganz nahe bei; **prohibēre:** abhalten, stören, fernhalten *(hier Partizip Präsens, Teil des Abl. abs.)*

iungere: verbinden; **iunge:** *Imperativ;* **latus,** lateris *n.:* Oberschenkel *(kongruent mit tuum);* **quā:** soweit; **potes:** *von posse;* **ūsque:** ununterbrochen
quod … iungī: *stelle um:* quod līnea cōgit iungī, sī nōlis; **līnea, ae** *f.:* Schranke, Abtrennung *(zwischen den Sitzreihen);* **cōgere:** zwingen, nötig machen; **sī nōlis:** selbst wenn du nicht willst; **iungī:** *Infinitiv Passiv;* **lēge locī:** durch die Bedingung vor Ort

sermō socius: gemeinsames Gespräch, gemeinsame Unterhaltung; **quaerātur:** *Konj. Präs. Passiv: Aufforderung* (= »soll«); **sonus prīmus:** Gesprächsanfang; **verba pūblica:** »Smalltalk«

cuius … favē: *Stelle um:* Facitō requīrās, studiōse, cuius equī veniant; **facitō requīrās:** Sieh zu, dass du fragst …; **cuius:** wessen
nec mora: *Stelle um:* Favē, quisquit erit, cui favet illa; **nec mora:** und zögere nicht; **favēre:** Beifall klatschen; **quisquis:** wer auch immer;
utque fit, sī: Und wie es manchmal geschieht, wenn …; **forte:** zufällig; **puellae:** *Genitiv, beziehe auf* gremium; **excutere:** abschütteln *(Gerundiv + esse = müssen)*

etsī: und selbst wenn, und wenn auch; *ergänze:* nūllum <pulverem>

quaelibet causa: welcher Anlass auch immer; **aptus,** a, um + *Dat.: hier:* zielführend für

pallium, ī: Gewand; **nimium:** allzu sehr; **terrā:** *Abl. (wo?);* **dēmissus:** herabhängend; **colligere:** zusammensammeln, hochraffen, *ergänze:* collige <palla>; **inmundus,** a, um: schmutzig; *hier: Ablativ, kongruent zu* humō; **sēdulus,** a, um: eifrig, galant; **humus, ī** *f.* (!): Boden;
prōtinus … tuīs: *Forme hier von der poetischen Formulierung in einen Prosatext um:* Prōtinus continget oculīs tuīs, ut crūra puellae patientis videās – pretium officiī!; **prōtinus:** sofort; **continget:** es wird gelingen; **officiī pretium:** als Belohnung für deinen Dienst

4. Gepflegtes Styling ist die halbe Miete: Der erste Eindruck

Aufgaben zur Texterschließung

1. Suche Werbeanzeigen für Mode in Zeitschriften oder im Internet und notiere die Dinge, die für das heutige Schönheitsideal charakteristisch sind. Lege eine Liste für Männer und eine für Frauen an und sammle möglichst viele Details.

2. In den folgenden beiden Texten gibt Ovid Tipps, worauf Männer bzw. Frauen achten sollen, um attraktiv beim anderen Geschlecht zu wirken. Ordne dazu den eingezeichneten Körperteilen deutsche Bedeutungen zu. Nutze die Vokabelhilfen beim Übersetzen der Textstellen.

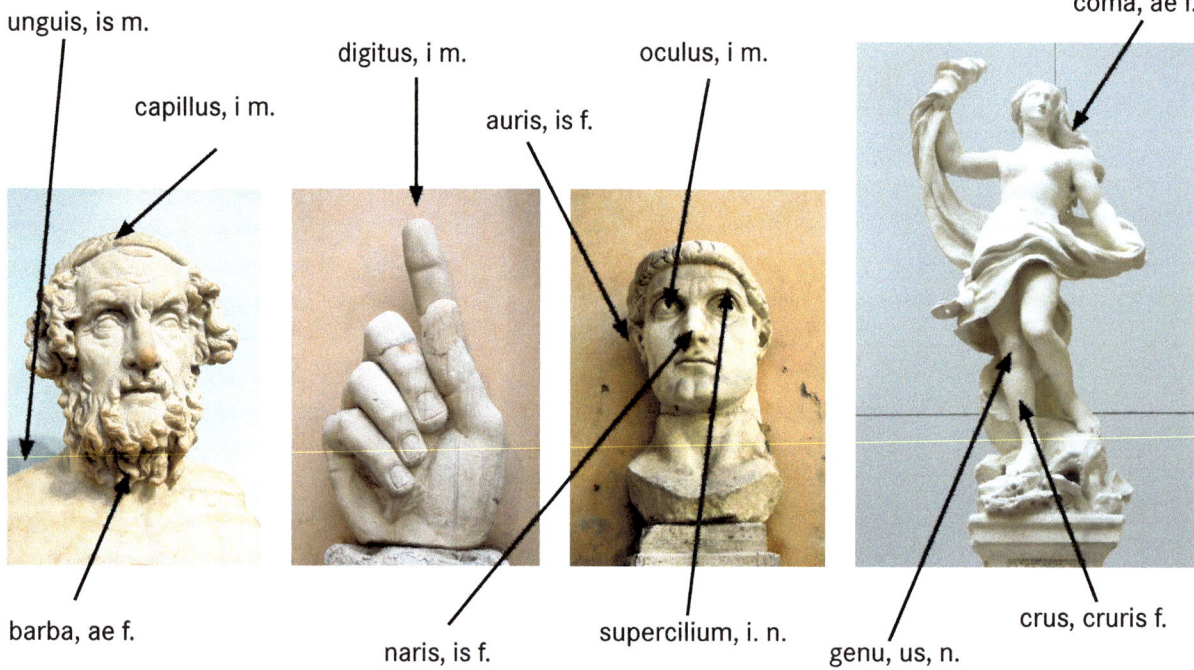

unguis, is m.

capillus, i m.

digitus, i m.

auris, is f.

oculus, i m.

coma, ae f.

barba, ae f.

naris, is f.

supercilium, i. n.

genu, us, n.

crus, cruris f.

3. Der Konjunktiv Präsens im Hauptsatz drückt im Deutschen einen **Vorschlag** oder eine Aufforderung aus. Da Ovid einen Ratgeber schreibt, nutzt er diese Form häufig. Übersetze die folgenden Konjunktivformen der Verben, markiere sie anschließend in Text A und nutze sie für die Übersetzung.

placeant: sie **sollen** gefallen	nihil emineant *(eminere: hervorstehen)*
careant *(carere: frei sein von)*	stet *(stare: stehen)*
deformet *(deformare: entstellen)*	sit *(esse: sein)*
rigeat *(rigere: abstehen)*	fuscentur *(fuscare: bräunen)*

4. Gepflegtes Styling ist die halbe Miete: Der erste Eindruck

Text A: An die Männer (I, 513–522)

513 Munditie placeant, fuscentur corpora Campo;

 sit bene conveniens et sine labe toga.

515 Lingua ne rigeat; careant rubigine dentes,

 nec vagus in laxa pes tibi pelle natet;

517 nec male deformet rigidos tonsura capillos;

 sit coma, sit trita barba resecta manu.

519 Et nihil emineant, et sine sordibus ungues:

 inque cava nullus stet tibi nare pilus.

521 Nec male odorati sit tristis anhelitus oris:

 nec laedat nares virque paterque gregis.

munditiēs, ēī *f.*: Sauberkeit; **fuscāre**: bräunen; **Campō** = Campō Mārtiō *(Marsfeld; dort wurde im Freien Sport getrieben)*; **bene convenīre**: gut geschnitten, gut sitzend; **lābēs**, is *f.*: Dreck, Fleck
lingua, ae *f.*: *hier*: lederne Schuhzunge; **rigēre**: abstehen; **rūbīgō**, inis *f.*: Fäule
laxus, a, um: locker, weit; **natāre**: *hier*: hin- und herrutschen

rigidus, a, um: stachelig, fransig; **tōnsūra**: Haarschnitt, Frisur
resectus: zurückgeschnitten; **trītus**, a, um: geübt, fähig
sordēs, ium *f.*: Dreck, Schmutz; **nihil** = nōn

cavus, a, um: hohl; **pilus**: (einzelnes) Haar

anhēlitus, ūs *m*: Atem; **trīstis**, e: *hier*: widerlich, bitter; **virque paterque gregis**: »Mann und Vater der Ziegenherde« = Ziegenbock; *steht hier bildlich für allgemein schlechten Körper- und Schweißgeruch*

Text B: An die Frauen (III, 129–132; 193–203)

129 Vos quoque non caris aures onerate lapillis,

 […]

131 nec prodite graves insuto vestibus auro:

 per quas nos petitis, saepe fugatis, opes. […]

193 Quam paene admonui, ne trux caper iret in alas

 neve forent duris aspera crura pilis! […]

199 Scitis et inducta candorem quaerere creta;

 sanguine quae vero non rubet, arte rubet;

201 arte supercilii confinia nuda repletis

 parvaque sinceras velat aluta genas.

203 Nec pudor est oculos tenui signare favillā.

lapillus, ī *m.*: Edelstein, Perle

prōd-īre: (die Straße) entlang schreiten; **gravis**, e: *hier*: schwer beladen, schwer bestückt; **aurō īnsūtō**: mit Gold bestickt; **fugāre**: in die Flucht schlagen

quam paene admonuī: und fast hätte ich euch ermahnt; **trux caper**: »der trotzige Ziegenbock« *(vgl. Anmerkung zu Text A, V. 522)*; **forent**: sie sollen sein
scītis quaerere: ihr wisst, wie ihr findet; **inductus**: aufgelegt, aufgetragen
sanguine … rubet: *Stelle um und ergänze:* <ea>, quae sanguine vērō nōn rubet, arte rubet; **rubēscere**: rote (gesunde) Gesichtsfarbe haben

replēre: auffüllen; **cōnfīnium**, ī *n.*: *hier*: Zwischenraum; **alūta**, ae *f.*: Schönheitspflästerchen; **sincērus**, a, um: ungeschminkt, natürlich

nec pudor est: und es ist nicht verwerflich; **favīlla**, ae *f.*: Asche, Kohle

4. Gepflegtes Styling ist die halbe Miete: Der erste Eindruck

Aufgaben zum Textverständnis und zur Interpretation

4. Stelle die Stylingtipps, die Ovid gibt, mit eigenen Worten in der Tabelle zusammen.

5. Vergleiche die von Ovid vorgegebenen Tipps und Anweisungen mit den heute gängigen Schönheitsidealen – was hat sich verändert, was ist gleich geblieben?

Tipps von Ovid	heutiges Schönheitsideal

6. Ideal und Wirklichkeit: alles nur Fassade? Lies den folgenden Text über Schönheits- und Kosmetikprodukte in der Antike.

Diskutiert anschließend in kleinen Gruppen, wie viel Zeit, Aufwand und Mittel für das tägliche Styling nötig sind und was übertrieben ist. Wie hilfreich ist Styling bei der Partnersuche? Sind Schönheitsideale erstrebenswert?

Fasst eure Gruppenergebnisse anschließend in einem kurzen Vortrag zusammen.

> **Getrocknete Schnecken, Kalbsmist, Rattenasche und andere Schönheitsmittel**
>
> Ovid (in der »Kunst der Liebe«) und Plinius der Ältere (»Naturgeschichte«) liefern eine Menge präziser Angaben zu den Anforderungen an die weibliche Schönheit und den Mitteln, um dieses Ideal zu erreichen. War ein blasser Teint gefragt, verwendete man zum Beispiel ein Pulver aus getrockneten Schnecken, vermischt mit Saubohnenmus. Modische Blässe lieferten auch Salben auf Krokodilskotbasis oder ein Öl, das Kalbsmist enthielt, weiter Leinsamen oder Kreide, sogar eine Paste auf Bleioxyd-Basis half, hell zu wirken. Die Wimpern wurden mit Tusche aus Fliegen- und Ameiseneiern geschwärzt, die Lider mit Safran oder Russ getönt.
>
> Um den Zähnen blendendes Weiß zu verleihen, verwendete man eine Creme auf der Grundlage von Rattenasche, Honig und Fenchelwurzeln. Ein weiterer Geheimtipp: ein Gemisch aus Bimssteinpulver und dem Urin eines Jünglings.
>
> Glatte, faltenlose Haut strebte man mit Lehmpackungen oder Eselsmilch an; es gab Gesichtsmasken aus einem Gemisch von Honig und toten Bienen, aus mit Essig angerührtem Taubenkot, aus Lämmerwollfett, weiter Gesichtscremes aus Schildkrötenöl und Schwanenspeck.
>
> Abstoßend? Vielleicht … nur dass die Grundstoffe der heutigen Kosmetikindustrie – Walöl, tierische Sekrete – mit weiblicher Anziehungskraft ebenfalls wenig zu tun haben.
>
> https://blog.nationalmuseum.ch/2017/03/lehmpackungen-und-eselsmilch-fuer-glatte-und-faltenlose-haut/

4. Gepflegtes Styling ist die halbe Miete: Der erste Eindruck

Text A: An die Männer (I, 513–522)

513 Munditie placeant, fuscentur corpora Campo;
(gemeint sind hier die Männer)

sit bene conveniens et sine labe toga.

515 Lingua ne rigeat; careant rubigine dentes,

nec vagus in laxā pes tibi pelle natet;

517 nec male deformet rigidos tonsura capillos;

sit coma, sit tritā barba resecta manu.

519 Et nihil emineant, et sine sordibus ungues:

inque cavā nullus stet tibi nare pilus.

521 Nec male odorati sit tristis anhelitus oris:

nec laedat nares virque paterque gregis.

munditiēs, ēī *f.*: Sauberkeit; **placeant etc.**: *Konjunktiv Präsens als Aufforderung;* **fuscāre**: *siehe Aufgabe 3;* **Campo** = Campo Martio *(Marsfeld; dort wurde im Freien Sport getrieben);* **bene convenīre**: gut geschnitten, gut sitzend; **lābēs**, is *f.*: Dreck, Fleck; **lingua**, ae *f.*: *hier*: lederne Schuhzunge; **ne/nec +** *Konj.*: soll nicht; **rigēre**: *s. Aufg. 3;* **carēre + Abl.**: frei sein von; **rūbīgō**, inis *f.*: Fäule; **vagus**: *gehört zu* pēs; **laxus**, a, um: locker, weit *(hier: Abl.)*; **pellis**, is *f.*: Leder, *bzw.* Schuh; **natāre**: *hier*: hin-und herrutschen
rigidus, a, um: stachelig, fransig; **tōnsūra**: Haarschnitt, Frisur;
sit resecta: soll zurückgeschnitten sein; **trītus**, a, um: geübt, fähig; *hier Abl., gehört zu* manū; **nihil** = nōn; **ēminēre**: hervorstehen; **sordēs**, ium *f.*: Dreck, Schmutz; **unguis**, is *m.*: s. Aufg. 2; **nāris**, is *f.*: s. Aufg. 2; **cavus**, a, um: hohl *(hier Abl., gehört zu* nare); **pilus**: (einzelnes) Haar; **anhēlitus**, ūs *m.*: Atem; **trīstis**, e: *hier*: widerlich, bitter; **odōrātus**, a, um: riechend; **ōs**, ōris *n.*: Mund; **laedere**: verletzen, beleidigen; **nārēs**, ium *f.*: s. Aufg. 2; **virque paterque gregis**: »Mann und Vater der Ziegenherde« = Ziegenbock; *steht hier bildlich für allgemein schlechten Körper- und Schweißgeruch*

Text B: An die Frauen (III, 129–132; 193–203)

129 Vos quoque *non* caris aures onerate lapillis,

[…]

131 *nec* prodite graves insuto vestibus auro:

per opes, quas nos petitis, saepe fugatis. […]
mit den Mühen, mit denen

193 Quam paene admonui, ne trux caper iret in alas

neve forent duris aspera crura pilis! […]

199 Scitis et inductā candorem quaerere cretā;

sanguine quae vero non rubet, arte rubet;

201 arte supercilii confinia nuda repletis

parvaque sinceras velat aluta genas.

203 Nec pudor est oculos tenui signare favillā.

cārus, a, um: teuer; **auris**, is *f.*: s. Aufg. 2; **onerāte**: *Imperativ zu* onerāre: schmücken; **lapillus**, ī *m.*: Edelstein, Perle

prōd-īre: (die Straße) entlang schreiten; **gravis**, e: *hier*: schwer beladen, schwer bestückt; **aurō īnsūtō**: mit Gold bestickt; **per quās …**; *stelle so um*: per opēs, quās nōs petitis, saepe nōs fugātis; **fugāre**: in die Flucht schlagen

quam paene admonuī: und fast hätte ich euch ermahnt; **trux caper**: »der trotzige Ziegenbock« (vgl. Anmerkung zu Text A, V. 522); **āla**, ae *f.*: s. Aufg. 2; **nēve**: und auch nicht; **forent**: sie sollen sein; **crūs**, crūris *n.*: s. Aufg. 2; **pilus**: Haar; **scītis quaerere**: ihr wisst, wie ihr findet; **inductus**: aufgelegt, aufgetragen; **candor**: weiße Hautfarbe; **crēta**, ae *f.*: Kreide; **sanguine**: *Stelle um und ergänze*: <ea>, quae sanguine vērō nōn rubet, arte rubet; **rubēscere**: rote (gesunde) Gesichtsfarbe haben; **vērus**, a, um: echt
replēre: auffüllen; **cōnfīnium**, ī *n.*: *hier*: Zwischenraum; **alūta**, ae *f.*: Schönheitspflästerchen; **sincērus**, a, um: ungeschminkt, natürlich; **vēlāre**: verhüllen; **nec pudor est**: und es ist nicht verwerflich; **favilla**, ae *f.*: Asche, Kohle; **sīgnāre**: betonen, hervorheben

5. Nobody's perfect: Umgang mit körperlichen Schwächen

Aufgaben zur Texterschließung

1. a) Schaue dir das Foto der Frau an und notiere deine erste spontane Reaktion.

_____

b) Tauscht eure Eindrücke untereinander aus – worauf habt ihr zuerst geachtet, worauf erst später?

c) Die Frau auf dem Foto ist Winnie Harlow, ein Topmodel aus England.
Schaut euch im Internet weitere Fotos von ihr und den Models Ashley Smith, Melanie Gaydos, Sophia Hadjipanteli und Madeline Stuart an.
Wie gehen diese Models mit den gesellschaftlichen Schönheitsidealen um? Sprecht über eure Eindrücke.

2. In den folgenden Texten von Ovid geht es um Dinge, die an Menschen vielleicht nicht perfekt sind und wie man damit umgehen kann.
Eine Möglichkeit ist, die Dinge, die als negativ gedeutet werden, durch eine andere Perspektive als positiv zu werten. Finde für die folgenden Sätze eine Umformulierung, die den positiven Aspekt in den Vordergrund stellt.

negativer/kritischer Satz	bedeutet auch …
Sie ist übergewichtig.	Sie hat weibliche Kurven.
Er hat ganz schön viele Falten.	
Sie ist vorlaut.	
Er ist sehr ruhig.	
Sie ist zu dünn.	
Er kommt immer zu spät.	
Ihre Zähne sind schief.	

5. Nobody's perfect: Umgang mit körperlichen Schwächen

Text A: An die Frauen (III, 261–280)

261 Rara tamen menda facies caret: occule mendas,

　　quaque potes, vitium corporis abde tui.

263 Si brevis es, sedeas, ne stans videare sedere

　　[…]

menda, ae *f.*: Fehler, Schwäche; **carēre** + *Abl.*: frei sein von; **abdere:** verbergen; **quāque:** wann auch immer; **videāre** = videāris *von* **vidērī:** scheinen	

271 pes malus in nivea semper celetur aluta,

　　arida nec vinclis crura resolve suis;

malus, a, um: *hier*: schief, krumm; **alūta:** *hier*: Schuh; **crūs,** crūris *n.*: Unterschenkel; **vinclum,** ī *n.*: Stoffbinden

273 conveniunt tenues scapulis analemptrides altis,

　　angustum circa fascia pectus eat;

analemptridēs: Schulterpolster; **tenuis,** e: schmal, dünn; **scapulae,** ārum *f.*: Schultern; **fascia,** ae *f.*: Bandage, Polster;

275 exiguo signet gestu, quodcumque loquentur,

　　cui digiti pingues et scaber unguis erit;

exiguus, a, um: sparsam; **sīgnāre:** *hier*: unterstützen; **quodcumque:** was auch immer; **scaber,** bra, brum: rauh, ungepflegt; *ergänze:* cui … <est>: die … hat;

277 cui gravis oris odor, numquam ieiuna loquatur

　　et semper spatio distet ab ore viri;

gravis, e: schlecht, schwer; **iēiūnus,** a, um: ohne Frühstück, nüchtern

279 si niger aut ingens aut non erit ordine natus

　　dens tibi, ridendo maxima damna feres.

ergänze zu sī … tibi <est>: wenn … du hast; **nōn ōrdine nātus:** schief, krumm; **rīdēre:** lachen *(nd-Form: substantivieren);* **ferre:** *hier:* davontragen

Text B: … und wie soll »man« darauf reagieren? (II, 641–662)

641 Parcite praecipue vitia exprobare puellis,

　　utile quae multis dissimulasse fuit. […]

parcere: *hier:* davon absehen; **exprōbāre:** vorwerfen, vorhalten; **ūtile … fuit:** (vitia), quae dissimulasse multīs ūtile fuit; **dissimulasse:** *hier:* ignorieren

657 Nominibus mollire licet mala: »Fusca« vocetur,

　　nigrior Illyrica cui pice sanguis erit;

659 si paeta est, »Veneris similis«; si rave, »Minervae«;

　　sit »gracilis«, macie quae male viva sua est.

661 Dic »habilem«, quaecumque brevis, quae turgida, »plenam«,

　　et lateat vitium proximitate boni.

licet: es ist geschickt; **mala:** schlechte Eigenschaften, Defizite; **fusca … erit:** *ergänze und stelle um:* »Fusca« <ea> vocētur, cui … erit; **fuscus,** a, um: braun; **cui … erit:** die … hat; **Illyrica pix:** Pech aus Illyrien
sī … est: *ergänze hier jeweils vor jeder Aussage die Formulierung:* wenn …, nenne sie: »…«; **paetus,** a, um: leicht schielend; **rāvis,** e: fahl, glanzlos; **maciēs,** ēī *f.*: Magerkeit; **male viva:** halbtot; **habilis,** e: handlich, passend; **turgidus,** a, um: dick; **plēnus,** a, um: *hier:* rundlich, vollschlank

5. Nobody's perfect: Umgang mit körperlichen Schwächen

Aufgaben zum Textverständnis und zur Interpretation

3. a) Fasse den Inhalt der beiden Texte in jeweils einem Satz zusammen.

   b) Suche dir eine Aussage von Ovid, auf die du reagieren möchtest, und hinterlasse ihm einen kurzen schriftlichen Kommentar. Sammelt diese auf einem Tisch.

   c) Lies dir die Kommentare deiner Mitschüler durch und suche dir einen, den du gern kommentieren oder ergänzen möchtest.

4. Der folgende Artikel wurde im März 2015 in der Online-Ausgabe der Süddeutschen Zeitung veröffentlicht und zeigt, dass das Thema »Umgang mit vermeintlichen Schönheitsmakeln« aktueller denn je ist. Lies zunächst den Text.

   Gestalte(t) einen Beitrag zu einer Anti-body-shaming-Kampagne, die einen positiven Umgang mit vermeintlichen körperlichen Mängeln bewirbt und auch Ovids Tipps mit einbezieht. Dieses Thema betrifft übrigens nicht nur Frauen, wie Sami Slimani in einigen seiner YouTube-Videos zeigt.

Drang nach Perfektion: Jugendliche beschäftigt ihr Aussehen

Berlin (dpa/tmn) – Wie eine Schlange, die sich häutet, findet man sich in der Pubertät mit einem veränderten Äußeren wieder. Man fühlt sich plötzlich zu dick, zu groß und von Akne entstellt. Der eigene Körper erscheint plötzlich fremd und ungewohnt. Dazu kommt häufig noch ein mangelndes Selbstwertgefühl, man ist unsicher, launisch und fühlt sich missverstanden.

»In der Pubertät messen wir dem Spiegelbild eine ungeheure Bedeutung bei«, sagt Regina Konrad, Psychotherapeutin für Kinder und Jugendliche. »Der Spiegel zeigt einem selbst allerdings nicht das, was die anderen sehen. Mit sich selbst ist man viel kritischer.« Besonders junge Mädchen seien von der krankhaften Vorstellung eingenommen, dass sie beispielsweise zu dicke Oberschenkel, einen zu kleinen Busen oder zu viel Hüftspeck haben. Mit Makeup oder Kleidung wird versucht, die vermeintlichen Makel zu kaschieren. […]

Auch soziale Netzwerke verstärken bei Jugendlichen den Drang nach Aufmerksamkeit und Schönheit. In jeder Situation werden nun Selbstporträts geschossen, um sie dann zu veröffentlichen und möglichst viele »Gefällt-mir«-Angaben zu bekommen. Ganz egal ob bei Facebook, Twitter oder Instagram: So schnell bekam man noch nie Aufmerksamkeit und Komplimente von Menschen, die man im echten Leben meistens nur flüchtig kennt. Diese Erfahrung hat auch Sami Slimani gemacht. Der 24-Jährige ist einer der bekanntesten deutschen You-Tube-Stars. Mit selbstgedrehten Videos steht er über einer Million Abonnenten mit Ratschlägen und Lebenstipps zur Seite. »Die Medien inklusive der Modebranche geben uns ein Schönheitsideal vor, welches so einfach nicht realistisch ist«, sagt Slimani.

Doch nicht nur soziale Netzwerke unterstützen den Drang nach Schönheit. Auch durch Werbung werden Jugendliche extrem beeinflusst, weiß Veit Rößner. Der Dresdener Kinder- und Jugendpsychiater bekommt in seiner Klinik immer häufiger mit, dass bereits 8-jährige Mädchen Shopping als ihr Hobby angeben. »Auch Jugendzeitschriften stellen das Aussehen immer stärker in den Vordergrund. Es wird dort immer mehr Werbung für Schönheitsprodukte gemacht, das prägt«, sagt Rößner.

Veit Rößner sieht das Problem bei Jugendlichen vor allem darin, dass sie immer passiver werden. Statt zum Beispiel Sport im Verein zu betreiben, seien die Hobbys heutzutage Shoppen und Computerspiele. »Die Jugendlichen haben immer mehr Schwierigkeiten, etwas zu finden, wodurch sie sich gut fühlen können und das sie beschäftigt.« Wer dagegen mehrmals in der Woche einem Hobby nachgeht, habe weniger Zeit, sich mit seinem Äußeren zu beschäftigen. Er rät Jugendlichen deswegen, nicht so streng mit sich zu sein und sich eine Beschäftigung zu suchen, die sie erfüllt.

Sich selbst wieder als hübsch empfinden zu können, ist aber gar nicht so einfach. Sami Slimani war als Kind sehr schüchtern und hatte nur wenig Selbstbewusstsein. Er empfiehlt Jugendlichen: Sich selbst eingestehen, dass Makel total okay sind, Perfektion nicht die wahre Schönheit ist und jeder Mensch seine Eigenheiten hat. »Gerade wenn du über deinen Schatten springst, erreichst du Dinge, die du vorher nicht erahnt hättest.«

https://www.sueddeutsche.de/leben/familie-drang-nach-perfektion-jugendliche-beschaeftigt-ihr-aussehen-dpa.urn-newsml-dpa-com-20090101-150130-99-02561

---

5. Nobody's perfect: Umgang mit körperlichen Schwächen

Text A: An die Frauen (III, 261–280)

261 Rara tamen menda facies caret: occule mendas,

⬚quaque⬚ potes, vitium corporis abde tui.

> menda, ae f.: Fehler, Schwäche; **faciēs**, ēī f.: Gesicht; **carēre** + Abl.: frei sein von; **occulere**: verstecken; **abdere**: verbergen; **quāque**: wann auch immer

263 ⬚Si⬚ brevis es, sedeas, ⬚ne⬚ stans videare sedere,

> damit du nicht, obwohl du stehst, zu sitzen scheinst

[…]

> **brevis**, e: klein; **sedeās, iaceās …**: Konjunktiv Präsens im Hauptsatz: Aufforderung; **nē videāre**: damit du nicht scheinst, **stāns**: PC: übersetze mit obwohl; **malus**, a, um: hier: schief, krumm; **niveus**, a, um: weiß; **cēlāre**: verbergen; hier: Konj. Präsens Passiv; **alūta**: hier: Schuh; **āridus**, a, um: dünn, dürr; **vinclum**, ī n.: Stoffbinden; **crūs**, crūris n.: Unterschenkel; **resolvere**: befreien

271 pes malus in nivea semper celetur aluta,

arida ⬚nec⬚ vinclis crura resolve suis;

273 conveniunt tenues scapulis analemptrides altis,

angustum circa fascia pectus eat;

> **convenīre**: zusammenpassen; **analemptridēs**: Schulterpolster; **tenuis**, e: schmal, dünn; **scapulae**, arum f.: Schultern; **angustus**, a, um: schmal; **eat**: soll sich schlingen; **fascia**, ae f.: Bandage, Polster; **exiguus**, a, um: sparsam; **sīgnāre**: hier: unterstützen; **quodcumque**: was auch immer; **cui … erit**: die … hat; **pinguis**, e: dick; **scaber**, bra, brum: rauh, ungepflegt; **unguis**: Nagel

275 exiguo signet gestu, ⬚quodcumque⬚ loquentur,

> Es soll mit sparsamer Geste unterstützen …

cui digiti pingues et scaber unguis erit;

> diejenige, die …

277 cui gravis oris odor <est>, numquam ieiuna loquatur

et semper spatio distet ab ore viri;

> **cui**: ergänze <est>: die … hat; **gravis**, e: schlecht, schwer; **iēiūnus**, a, um: ohne Frühstück, nüchtern; **distāre**: etwas entfernt stehen

279 ⬚si⬚ niger aut ingens aut non erit ordine natus

> Wenn du schwarze oder …

dens tibi <est>, ridendo maxima damna feres.

> Zähne hast, durch Lachen

> **sī … tibi**: ergänze <est>: wenn … du hast; **nōn ōrdine nātus**: schief, krumm; **rīdēre**: lachen (nd-Form: substantivieren: durch …); **damnum**, ī n.: Schaden; **ferre**: hier: davontragen (hier: Futur)

Text B: … und wie soll »man« darauf reagieren? (II, 641–662)

641 Parcite praecipue vitia exprobare puellis,

utile ⬚quae⬚ multis dissimulasse fuit. […]

> es war schon oft nützlich, diese zu ignorieren.
> diese zu ignorieren, war schon für viele nützlich

> **parcere**: hier: davon absehen; **exprōbāre**: vorwerfen, vorhalten; **ūtile … fuit**: (vitia), quae dissimulasse multīs ūtile fuit; **dissimulasse**: hier: ignorieren; **multīs**: Dat.: für wen?

657 Nominibus mollire licet mala: »Fusca« vocetur,

> »Braun« soll die genannt werden,

> **licet**: es ist geschickt; **mala**: schlechte Eigenschaften, Defizite; **mollīre**: mildern; **fusca … erit**: ergänze und stelle um: »Fusca« <ea> vocētur, cui … erit; **fuscus**, a, um: braun; **cui … erit**: die … hat; **niger**, a, um: schwarz; **Illyrica pix**: Pech aus Illyrien

⬚cui⬚ sanguis nigrior Illyrica pice erit;

> die schwärzer als …

659 ⬚si⬚ paeta est, »Veneris similis«; ⬚si⬚ rave, »Minervae«;

sit »gracilis«, ⬚quae⬚ macie male viva sua est.

> **sī … est**: ergänze hier jeweils vor jeder Aussage die Formulierung: wenn …, nenne sie: »…«; **paetus**, a, um: leicht schielend; **rāvis**, e: fahl, glanzlos; **maciēs**, ēī f.: Magerkeit; **male viva**: halbtot; **habilis**, e: handlich, passend; **turgidus**, a, um: dick; **plēnus**, a, um: hier: rundlich, vollschlank; **latēre**: verborgen bleiben; **proximitāte bonī**: durch die benachbarte gute Eigenschaft

661 Dic »habilem«, quaecumque brevis, quae turgida, »plenam«,

et lateat vitium proximitate boni.

6. Gegen den Alltagstrott: Leidenschaft erhalten

Aufgaben zur Texterschließung

1. Beschreibe die Beziehung der Paare in den Cartoons.

2. Erstelle eine Liste mit sechs Dingen, die man unbedingt tun muss, damit eine Beziehung <u>nicht</u> hält. Warum sind diese Dinge deiner Meinung nach die besten Beziehungskiller? Was wären also deine Tipps, damit eine Beziehung andauert?

_____

_____

_____

3. Ovid formuliert einige seiner Ratschläge mit nd-Form + *esse*.
Markiere in den folgenden Ausdrücken die nd-Form und, falls vorhanden, den Dativ.
Übersetze die Ausdrücke anschließend.

> **Wiederholung: nd-Form mit esse**
> Wenn das Gerundivum (nd-Form vom Verb) mit *esse* als Prädikat zusammensteht, übersetzt man diesen Ausdruck damit, dass etwas gemacht werden muss bzw. nicht gemacht werden darf.
> *liber legendus est* → *das Buch muss gelesen werden*
> *liber legendus non est* → *das Buch darf nicht gelesen werden*
>
> Will man noch hinzufügen, von welcher Person etwas gemacht werden muss/nicht gemacht werden darf, steht diese im Dativ.
> *liber legendus est <u>discipulo</u>* → *das Buch muss <u>vom Schüler</u> gelesen werden*

a) flores apportandae sunt dominae _____

b) manus calficienda est *(calficere: wärmen)* _____

c) repulsa *(repulsa: Zurückweisung)* miscenda est iocis *(iocus: Liebesfreuden)*

_____

d) verba dulcia *(dulcis, e: süß, liebevoll)* dicenda sunt _____

e) vestes emendae *(emere: kaufen)* sunt puellae tuae _____

6. Gegen den Alltagstrott: Leidenschaft erhalten

Text A: _____ (III, 579–582)

579 Quod datur ex facili, longum male nutrit amorem:

  miscenda est laetis rara repulsa iocis.

581 Ante fores iaceat, »crudelis ianua« dicat

  multaque summisse, multa minanter agat.

ex facilī: mühelos, ohne Anstrengung; **iocus, ī** *m.:* Liebesspiel; **repulsa, ae** *f.:* Zurückweisung

foris, is *f.:* Tür

summissē *(Adv.):* flehentlich, bittend; **minanter** *(Adv.):* drohend; **multa agere:** viele Worte machen

Text B: _____ (III, 591–598)

591 dum cadit in laqueos, captus quoque nuper, amator

  solum se thalamos speret habere tuos;

593 postmodo rivalem partitaque foedera lecti

  sentiat: has artes tolle, senescit amor.

laqueus, ī *m.:* Falle; **nūper:** gerade erst, neulich; **sōlus,** a, um: allein; **habēre:** *hier:* besitzen

rīvālis lectī: Konkurrenten im Bett; **partīta foedera:** geteilte Liebesfreuden
tolle: lässt du weg

595 Tum bene fortis equus reserato carcere currit,

  cum quos praetereat quosque sequatur habet.

597 Quamlibet extinctos iniuria siscitat ignes:

  en ego, confiteor, non nisi laesus amo.

reserāre: öffnen; **carcer:** Startbox *(beim Pferderennen);* **cum … habet:** *Stelle um und ergänze:* Cum <equōs> habet, quōs praetereat et <equōs>, quōs sequātur; **praeterīre:** überholen, vorauslaufen; **quamlibet:** auch schon; **iniūria, ae** *f.:* Konkurrenz, Kränkung; **cōnfitērī:** bekennen, gestehen; **nisī laesus:** außer ich bin verletzt/gekränkt

Text C: _____ (II, 159–213)

159 Blanditias molles auremque iuvantia verba

  adfer, ut adventu laeta sit illa tuo. […]

209 ipse tene distenta suis umbracula virgis,

  ipse fac in turba, qua venit illa, locum.

verba aurem iuvantia: Worte, die für das Ohr erfreulich sind; **illa** → *gemeint ist die Herzensdame*

distentus: aufgespannt; **virga, ae** *f.:* Rippen (vom Schirm); **umbrāculum, ī** *n.:* Sonnenschirm;

211 nec dubita tereti scamnum producere lecto,

  et tenero soleam deme vel adde pedi.

213 Saepe etiam dominae, quamvis horrebis et ipse,

  algenti manus est calficienda sinu.

prōdūcere: herausstellen; **scamnum, ī** *n.:* Schemel, Bank; **teres,** teretis: fein geschnitzt;
dēmere: ausziehen; **addere:** *hier:* anziehen;

horrēre: frieren; **calefacere:** wärmen; **algentī sinū:** an deiner frierenden Brust

6. Gegen den Alltagstrott: Leidenschaft erhalten

Aufgaben zum Textverständnis und zur Interpretation

4. Gib den jeweiligen Textabschnitten eine Überschrift.

5. Entscheide, ob die jeweiligen Textpassagen eher an die Männer, an die Frauen oder an beide Geschlechter gerichtet sind und begründe deine Entscheidung.

6. Analysiere den bildlichen Vergleich mit den Rennpferden (Text B, V. 595 f.).

_____

_____

_____

_____

7. Stelle gegenüber, inwiefern die Tipps, die Ovid hier gibt, eine Beziehung stärken können, aber auch, welche Risiken sie enthalten.

	kann die Beziehung stärken, weil ...	kann die Beziehung gefährden, weil ...
Text A		
Text B		
Text C		

8. Welchen Tipp würdest du in einen Beziehungsratgeber heute übernehmen, welchen nicht? Welche/n würdest du hinzufügen? Verfasse einen kurzen Text/ein Social-Media-Video.

_____

_____

_____

_____

6. Gegen den Alltagstrott: Leidenschaft erhalten

Text A: _____ (III, 579–582)

579 Quod datur ex facili, longum male nutrit amorem:
Das, was gegeben wird

     miscenda est   laetis   rara repulsa   iocis.

581 Ante fores iaceat, »crudelis ianua« dicat

     multaque summisse,   multa minanter   agat.

quod: das, was; **datur:** *Passiv von* dare; **ex facilī:** mühelos, ohne Anstrengung; **nūtrīre:** ernähren, fördern; **miscenda est:** *nd-Form + esse: etw.* muss gemacht werden; **miscēre** *+ Abl.:* mischen mit *etw.;* **repulsa, ae** *f.:* Zurückweisung; **iocus, ī** *m.:* Liebesspiel; **foris, is** *f.:* Tür; **iaceat, dīcat, agat:** *Konjunktiv Präsens im Hauptsatz;* **iānua, ae:** Tür; **summissē** *(Adv.):* flehentlich, bittend; **minanter** *(Adv.):* drohend; **multa agere:** viele Worte machen

Text B: _____ (III, 591–598)

591 dum cadit amator in laqueos, captus quoque nuper,
Solange der Liebhaber dir …   und auch der schon frisch gefangene

     solum se   thalamos speret   habere   tuos;
     AcI   soll er hoffen

593 postmodo   rivalem   partitaque foedera   lecti

     sentiat: has artes tolle, senescit amor.
     soll er fühlen: Lässt du … weg, dann

595 Tum bene fortis equus reserato carcere currit,

     cum quos praetereat quosque sequatur habet.
     wenn es welche hat, die es überholt und welche, denen es folgt

597 Quamlibet extinctos iniuria siscitat ignes:

     en ego, confiteor, non nisi laesus amo.

dum: *hier:* solange; **cadere:** fallen; **laqueus, ī** *m.:* Falle; **spērāre** *+ AcI:* hoffen; *Konjunktiv Präsens im Hauptsatz;* **sōlus, a, um:** allein; **thalamus, ī** *m.:* Bett; **habēre:** *hier:* besitzen

postmodo: später; **rīvālis lectī:** Konkurrenten im Bett; **partīta foedera:** geteilte Liebesfreuden; **tolle:** lässt du weg; **senēscere:** welken, verwelken

reserāre: öffnen; **carcer:** Startbox *(beim Pferderennen);* **reserātō carcere:** *Abl. abs.;* **cum … habet:** *Stelle um und ergänze:* Cum <equōs> habet, quōs praetereat et <equōs>, quōs sequātur; **praeterīre:** überholen, vorauslaufen; **quamlibet:** auch schon; **exstingere, stingō, stīnxī, stīnctum:** erlöschen, ausgehen; **iniūria, ae** *f.:* Konkurrenz, Kränkung; **sīscitāre:** wieder anfeuern; **en ego:** schaut mich an; **cōnfitērī:** bekennen, gestehen *(Deponens → aktive Übersetzung);* **nisi laesus:** außer ich bin verletzt/gekränkt

Text C: _____ (II, 159–213)

159 Blanditias molles   auremque iuvantia verba

     adfer, ut   adventu   laeta sit illa   tuo. […]

209 ipse tene distenta   suis   umbracula   virgis,
     du selbst halte (für sie) aufgespannt …

     ipse fac in turba, qua venit illa, locum.

211 nec dubita   tereti   scamnum producere   lecto,

     et tenero   soleam deme vel adde   pedi.

213 Saepe etiam dominae, quamvis horrebis et ipse,
     Oft muss auch den Frauen,

     algenti   manus est calficienda   sinu.

blanditiae *f. Pl.:* Schmeicheleien; **verba aurem iuvantia:** Worte, die für das Ohr erfreulich sind; **adfer:** *Imperativ von* adferre; **adventus, ūs** *m.:* Ankunft; Kommen; **illa** → *gemeint ist die Herzensdame;* **distentus:** aufgespannt; **virga, ae** *f.:* Rippen *(vom Schirm);* **umbrāculum, ī** *n.:* Sonnenschirm;

prōdūcere: herausstellen; **scamnum, ī** *n.:* Schemel, Bank; **teres, teretis:** fein geschnitzt
tener, tenera, tenerum: zart; **dēmere:** ausziehen; **addere:** *hier:* anziehen; **solea, ae** *f.:* Sandale, Schuh **quamvīs:** obwohl; **horrēre:** frieren; **calefacere:** wärmen; *Satzstruktur: nd-Form + esse + Dativ: etwas muss für jemanden getan werden;* **algentī sinū:** an deiner frierenden Brust

7. Letzte Worte: Der Dichter verabschiedet sich

Aufgaben zur Texterschließung

1. Versetze dich in die Rolle des Schriftstellers Ovid: Dein Buch ist zu Ende, du musst das letzte Kapitel formulieren. Was sollte auf der letzten Seite stehen? Formuliere einen Text. Vergleicht anschließend eure Texte und haltet Gemeinsamkeiten fest.

_____

_____

_____

_____

_____

_____

_____

2. a) Welche lateinischen Worte erwartest du im Epilog (Abschluss) des Werks, welche nicht? Markiere diese mit unterschiedlichen Farben.

> magister – arma – finis – grata iuventus – superare – amator – ferrum –
>
> munus – celebrate – spolium – vincere – laus

   b) Tauscht anschließend eure Ergebnisse aus und begründet gegenseitig eure Auswahl. Wie wird der Textinhalt des Epilogs aufgrund deiner Auswahl in etwa lauten?

3. a) Betrachte die beiden Coverbilder der *ars amatoria*-Ausgaben. Was gefällt dir jeweils an den Ausgaben (nicht)? Notiere deine Ideen.

   b) Recherchiere weitere Cover von *ars amatoria*-Ausgaben aus unterschiedlichen Ländern und Zeitaltern. Wähle eines aus, das du für sehr gelungen hältst. Stellt im Kurs gegenseitig eure Auswahl vor und erläutert kurz eure Entscheidung. Wie würdest du ein Cover gestalten?

 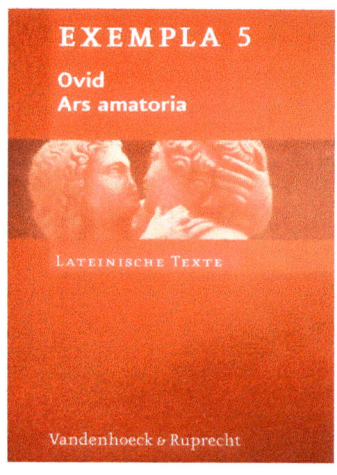

7. Letzte Worte: Der Dichter verabschiedet sich

Text A: Abschlussworte an die Leser
(II, 733–744)

733 Finis adest operi: palmam date, grata iuventus,

     sertaque odoratae myrtea ferte comae.

735 Quantus apud Danaos Podalirius arte mendendi,

     Aeacides dextra, pectore Nestor erat,

737 quantus erat Calchas extis, Telamonius armis,

     Automedon curru, tantus amator ego.

739 Me vatem celebrate, viri, mihi dicite laudes;

     cantetur toto nomen in orbe meum.

741 Arma dedi vobis; dederat Vulcanus Achilli:

     vincite muneribus, vicit ut ille, datis.

743 Sed, quicumque meo superarit Amazona ferro,

     inscribat spoliis: NASO MAGISTER ERAT

Text B: Abschlussworte an die Leserinnen
(III, 809–812)

809 Lusus habet finem;   […]

811 ut quondam iuvenes, ita nunc, mea turba, puellae

     inscribant spoliis: NASO MAGISTER ERAT

---

palma: Palmzweig; **iuventūs,** tūtis *f.*: junge Männer; **serta myrtea:** Myrtenkränze

quantus … tantus: so wie … so groß
medērī: heilen; **Aeacidēs:** Achill *(großer Kämpfer);* **Nestor:** *Wahrsager;* **Calchās:** Kalchas *(Wahrsager);* **exta** *n. Pl.*: Innereien; **Telamōnius:** Aiax *(großer Krieger);* **Automedōn:** *Wagenlenker*

celebrāre + *doppelter Akk.*: jemanden als *etw.* feiern

dederat: *ergänze:* dederat <arma> Vulcānus Achillī; **Achillis,** is *m.*: größter Kämpfer im trojanischen Krieg auf Seiten der Griechen; **mūnus,** mūneris *n.*: Geschenk, Gabe; **ut:** wie;
quīcumque: wer auch immer; **superārit** = superāverit; **Amāzona:** *hier Akk.*: Amazone *(eine Frau aus dem Stamm der Amazonen, ein kriegerischer reiner Frauenstamm)*

lūsus, ūs *m.*: Spiel, Spaß

ut: wie; **quondam:** zuvor *(gemeint ist: ein Buch zuvor);* **turba:** *hier:* muntere Schar

7. Letzte Worte: Der Dichter verabschiedet sich

Aufgaben zum Textverständnis und zur Interpretation

4. a) Vergleiche zunächst die beiden Texte mit deinen Ideen aus Aufgabe 1 und 2 – inwiefern wurden deine Erwartungen erfüllt, was macht Ovid anders?

   b) Vergleiche die beiden Textstellen: Welche Gemeinsamkeiten und Unterschiede fallen sofort auf?

Gemeinsamkeiten	Unterschiede

5. a) In Text A verwendet Ovid viele Ausdrücke, die zum Wortfeld Krieg/Kampf gehören. Schreibe sie auf:

   b) Arbeite heraus, welche Sicht Ovids auf das große Thema Männer – Frauen – Beziehung dadurch deutlich wird. Kannst du dem zustimmen?

6. Das Selbstbild des Dichters: Analysiere, welche Selbstaussagen Ovid direkt und indirekt über sich macht und welches Bild von ihm und seinem Charakter dies für dich ergibt.

Textstelle/Textbeispiel	Ovid wirkt durch diese Aussage …

7. *Lusus habet finem:* Schreibe einen Brief an Ovid, in dem du abschließend sein Werk rezensierst; gehe dabei sowohl auf die dir wichtigen Aspekte der behandelten Texte als auch auf deinen Eindruck von ihm als Person ein.

7. Letzte Worte: Der Dichter verabschiedet sich

Text A: Abschlussworte an die Leser (II, 733–744)

733 Finis adest operi: palmam date, grata iuventus,
Imperativ (= Befehlsform)

myrtea sertaque odoratae comae ferte.

735 Quantus apud Danaos Podalirius arte medendi,
So wie   bei den Griechen   Podalirius groß war,

Aeacides dextra (manu), pectore Nestor erat,
Achill   mit   , mit dem Herzen (= in der Wahrsagerei) …

737 quantus erat Calchas extis, Telamonius armis,

Automedon curru, tantus amator ego.

739 Me vatem celebrate, viri,   mihi dicite   laudes;

cantetur toto nomen in orbe meum.

741 Arma dedi vobis; dederat Vulcanus Achilli:
ich habe …

vincite muneribus, vicit ut ille, datis.

743 Sed, quicumque meo superarit Amazona ferro,

inscribat spoliis: NASO MAGISTER ERAT

fīnis, is *m.:* Ende; opus, operis *n.:* Werk; **palma:** Palmzweig; **grātus,** a, um: dankbar; **iuventūs,** tūtis *f.:* junge Männer; **serta myrtea:** Myrtenkränze; **odōrātus,** a, um: duftend

quantus … tantus: so (groß) wie … so groß; **medērī:** heilen; *hier: Gerundium;* **Aeacidēs:** Achill *(großer Kämpfer);* **dextrā:** *erg.* manū; **Nestor:** *Wahrsager;* **Calchās:** Kalchas *(Wahrsager);* **exta** *n. Pl.:* Innereien; **Telamōnius:** Aiax *(großer Krieger),* **Automedōn:** *Wagenlenker*

celebrāre + *doppelter Akk.:* jemanden als *etw.* feiern; **vātēs,** is *m.:* Dichter; **laus,** laudis *f.:* Lob; cantāre: singen *(hier Konj. Präsens Passiv; Konjunktiv im HS!);* **orbis,** is *m.:* Erdkreis
dedī: *Perfektform von* dare; **dederat:** ergänze: dederat <arma> Vulcānus Achillī; **Achillis,** is *m.:* größter Kämpfer im trojanischen Krieg auf Seiten der Griechen; **vincere,** vincō, vīcī, victum: siegen, siegreich sein; **mūnus,** mūneris *n.:* Geschenk, Gabe *(dazu gehört das Partizip* datīs); **ut:** wie; **quīcumque:** wer auch immer; **superārit** = superāverit: er wird besiegt haben; **Amāzona:** *hier Akk.:* Amazone *(eine Frau aus dem Stamm der Amazonen, ein kriegerischer reiner Frauenstamm);* **īnscrībat:** *Konj. Präsens als Aufforderung;* **spolia** *n. Pl.:* Beute; **Nāso:** *gemeint ist Ovidius Naso*

Text B: Abschlussworte an die Leserinnen (III, 809–812)

809 Lusus habet finem;   […]

811 ut quondam iuvenes, ita nunc, mea turba, puellae

inscribant spoliis: NASO MAGISTER ERAT

lūsus, ūs *m.:* Spiel, Spaß;

ut: wie; **quondam:** zuvor *(gemeint ist: ein Buch zuvor);* **turba:** *hier:* muntere Schar; **īnscrībant:** *Konj. Präsens als Aufforderung;* **spolia** *n. Pl.:* Beute

Abbildungsverzeichnis:

S. 6: Ovid: Auréola (https://commons.wikimedia.org/wiki/File:Latin_Poet_Ovid.jpg), »Latin Poet Ovid«, als gemeinfrei gekennzeichnet, Details auf Wikimedia Commons: https://commons.wikimedia.org/wiki/Template:PD-self

S. 6: Amor: Julius Kronberg artist QS:P170,Q1604937 (https://commons.wikimedia.org/wiki/File:Julius_Kronberg_-_Bågskjutande_amorin.jpg), »Julius Kronberg – Bågskjutande amorin«, als gemeinfrei gekennzeichnet, Details auf Wikimedia Commons: https://commons.wikimedia.org/wiki/Template:PD-old

S. 8: Adobe Stock Foto Nr. 214753215

S. 12: akg-images (Nr. 280268)

S. 16: Homer: Originally from en.wikipedia (https://commons.wikimedia.org/wiki/File:Homer_British_Museum.jpg), »Homer British Museum«, als gemeinfrei gekennzeichnet, Details auf Wikimedia Commons: https://commons.wikimedia.org/wiki/Template:PD-user

S. 16: Kopf des Kaisers Konstantin: © José Luiz Bernardes Ribeiro/CC BY-SA 4.0 (https://commons.wikimedia.org/wiki/File:Colossal_statue_of_Constantine_-_Palazzo_dei_Conservatori_-_Musei_Capitolini_-_Rome_2016.jpg), https://creativecommons.org/licenses/by-sa/4.0/legalcode

S. 16: Hand des Kaisers Konstantin: Jastrow (2006) (https://commons.wikimedia.org/wiki/File:Hand_Constantine_Musei_Capitolini_MC786.jpg), »Hand Constantine Musei Capitolini MC786«, als gemeinfrei gekennzeichnet, Details auf Wikimedia Commons: https://commons.wikimedia.org/wiki/Template:PD-self

S. 16: Venus: Joanbanjo (https://commons.wikimedia.org/wiki/File:Estàtua_de_Venus,_museu_de_la_Ciutat_de_València.JPG), »Estàtua de Venus, museu de la Ciutat de València«, https://creativecommons.org/licenses/by-sa/3.0/legalcode

S. 20: Winnie Harlow: Georges Biard (https://commons.wikimedia.org/wiki/File:Winnie_Harlow_Cannes_2018.jpg), https://creativecommons.org/licenses/by-sa/4.0/legalcode

S. 24: Cartoon »Zuhören«: Fussel/toonpool.com | Cartoon »Reise«: Ullmann/toonpool.com

S. 28: Ovid, ars amatoria: Matthaeus Kempffer (Verleger/publisher), Paul von der Aelst (Übersetzer/translator) (https://commons.wikimedia.org/wiki/File:Ovid_Ars_Amatoria_1644.jpg), »Ovid Ars Amatoria 1644«, als gemeinfrei gekennzeichnet, Details auf Wikimedia Commons: https://commons.wikimedia.org/wiki/Template:PD-old

S. 28, Ars (Exempla): Foto: Susanne Gerth

Bibliografische Information der Deutschen Nationalbibliothek:
Die Deutsche Nationalbibliothek verzeichnet diese Publikation in der
Deutschen Nationalbibliografie; detaillierte bibliografische Daten sind
im Internet über http://dnb.de abrufbar.

Umschlagabbildung: © Shutterstock Nr. 52349377

Satz: SchwabScantechnik, Göttingen
Druck und Bindung: ♼ Hubert & Co. BuchPartner, Göttingen
Printed in the EU

Vandenhoeck & Ruprecht Verlage | www.vandenhoeck-ruprecht-verlage.com

ISBN 978-3-525-70289-5